AF222968

Gewinne dich selbst zurück
Vertraue dir wieder Stück für Stück

Gedanken erwecken Wünsche und Träume zum Leben
Ich sehe sie wie Luftballons zum Himmel Schweben

Möge sich dein Wesen erheben
Es liegt an dir ihm Realität zu geben

Nur du selbst kannst deinen Weg finden
Lasse dir nicht länger die Augen verbinden

Nach unsichtbarem Plan Stein auf Stein bauen
Ich freue mich auf dein Werk; es entsteht nach deinem Vertrauen

leben wie im Labyrinth Wege die plötzlich Sackgassen sind

wirklich wichtig

was ist für mich

richtig falsch hasten

tasten

mit dem Kopf

spielen versuchen

irren

verzagen

gegen harte Mauern schlagen

Sichtwechsel; auf die eigene Gesamtheit blicken
Innere Scheinwerfer durch transparente Mauern schicken
Fähigkeit leben hinter Fassaden zu sehen
Augenblick für Augenblick weitergehen

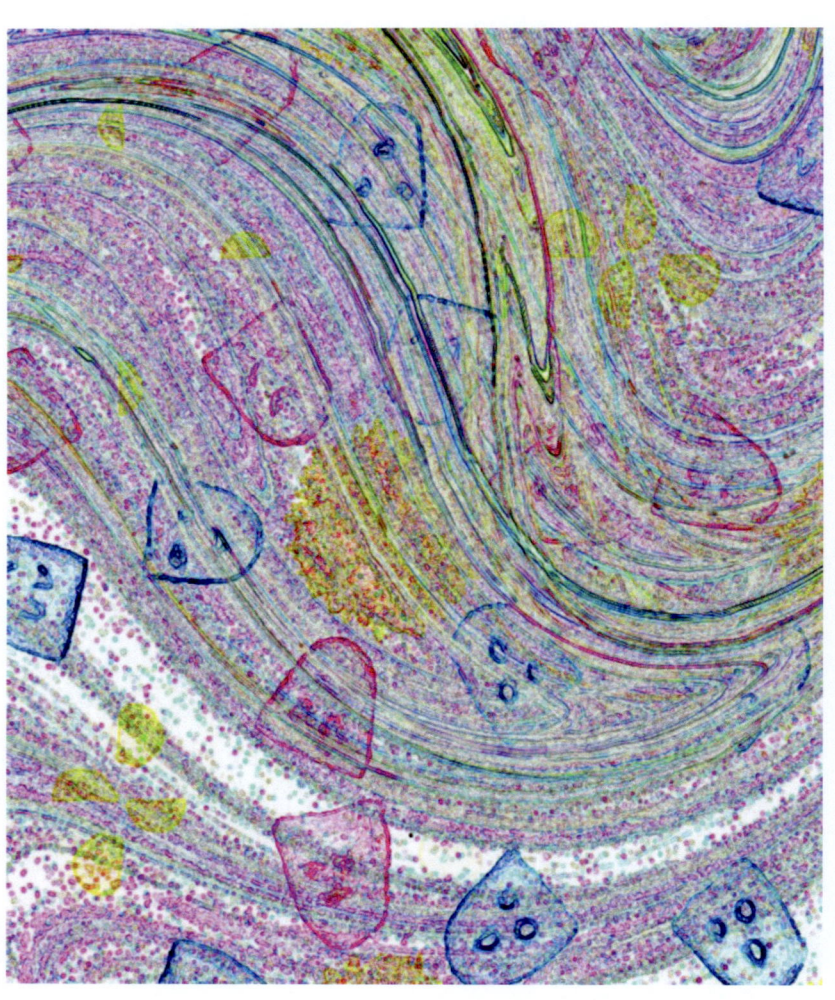

Du sagtest, Du drehst Dich wieder und wieder im Kreis
Immer schneller - eine Pirouette auf glattem Eis
Verzweifelt suchst Du einen Anker, einen festen Halt
Du fühlst Dich erschöpft, müde und alt

Komm zu Dir, durchbrich den Zauberbann
Halte endlich einmal das Tretrad an
Du fliehst permanent vor Dir in heller Panik
Eine Konfrontation mit Dir selbst wäre gleich dem Untergang der Titanic

Haltlos wirbelst Du umher immerzu im Kreis
Hilflos den Kräften ausgeliefert, ein hoher Preis
Doch wie unter Zwang drehst Du Dich um die "Erlösung" herum
Schalte doch einfach Dein Denken um

Du bist der Rettung eigentlich so nah, nur ein paar Schritte und Du bist schon da. Der Weg in die Mitte ist es, den ich Dir vorschlagen will, denn **im Zentrum des Wirbelsturms** ist es ganz ruhig und still.

Mittelpunktmeditation

Im inneren Mittelpunkt sein, schafft in konzentrischen
Kreisen sich wellenförmig aus breitende friedliche
Energie, verbunden mit der Energie der göttlichen
Macht in Form eines Lichtstrahls, der sein klares,
weißes Licht aus der innere Mitte heraus strahlt, und
die unteren Chakren klärt und durchleuchtet. So dehnt
sich aus der eigenen inneren Mitte heraus gleichmäßig,
die eigene, gottgewollte Welt aus.

Meditation:

Lege dich ruhig und gemütlich auf eine weiche
Unterlage, decke dich mit einer Decke zu, damit du nicht
frierst. Schließe die Augen und entspanne dich.
Lasse die aufkommenden Gedanken und Bilder vor
deinem inneren Auge still fließen, wie sie entstehen.
Sie fließen in ihrem eigenen Tempo vorbei. Spüre nun
deinen eigenen Mittelpunkt.

Lege deine Hände auf deinen Bauch und spare dabei den Bauchnabel aus. Lasse sie entspannt liegen. Spüre die Wärme deiner Hände und nehme wohlig wahr, wie sie tief in den Bauchbereich und die Chakren (Wurzelchakra, Sakralchakra und Solarplexus) fließt und sich ausdehnt. Du bist ruhig und sicher, nichts kann dich stören oder beunruhigen.

Lege deine Hände fließend und sanft, tiefer auf die untere Bauchgegend, so dass die Daumen der beiden Hände und die beiden Zeigefinger ein Dreieck bilden. Auch hier lasse die Wärme deiner Hände tief in den Körper fließen. Sie breitet sich immer genau so, wie es für dich am besten ist, ohne dass du „etwas machen musst". Jede Anstrengung hat aufgehört. Sehe vor deinem inneren Auge, wie sich dein Anliegen und dein weiterer Weg ruhig immer erfolgreicher verwirklichen. Stelle dir dass Bild lebendig und mit allen Sinnen vor. Lasse dabei alle Anspannungen in Deinem Körper sanft los, indem du in die Verspannungen hinein atmest. Genieße dankbar das Geschenk aus deinem inneren Mittelpunkt.

Orientierung an dem was die Leute sagen

Der Intuition folgen?

Rollen, Masken, Verstecke

Mut zu Klarheit und Ehrlichkeit?

Klatsch, Wut, Unzufriedenheit

Dankbarkeit für den Reichtum des Augenblicks?

Denken im Gestern und Morgen

Leben im Hier und Jetzt?

**Es gibt verschiedene Wege
Mit welchem gehst du in Resonanz?**

Spiegeleien

Facetten des Lebens
Spiegeln das Selbst

Wieder und wieder das gleiche Bild

Bis Du Deine Gedanken änderst

Spiegeln das Selbst
Facetten des Lebens

Lass deinen Geist frei, er ist unbegrenzt

Einschränkung ist Illusion die du kennst

Wage den Schritt über die Schwelle

Finde Kontakt zur erfrischenden Quelle

Deine Entscheidung erschafft jeden Augenblick neu

Hass oder Liebe, das Unterbewusstsein folgt treu

Jeder Gedanke ist pure Energie

Belebt den Versager oder das Genie

Es können sich alle Möglichkeiten entfalten

GEDANKEN HABEN MACHT WELTEN ZU GESTALTEN

*Du kannst der Retter
der ganzen Welt sein*

Deiner ganzen Welt

OK
OK so ist es
OK die Welt
OK die Umstände
OK die Andern

*Was zu ändern habe
ich wirklich die Macht?*

Mich?

Ja OK

Ich bin
Du bist
Er ist
Sie ist
Es ist
Wir sind
Ihr seid
Sie sind

*Das reicht Gott
Dir auch ?*

EIN EINZIGER GEDANKE
Entstanden aus der Stille
Eine Ahnung wohin der Weg geht
Zaubert ein Leuchten in deine Augen
Du bist bewegt
Es bewegt dich
Du streckst deine Fühler aus
UND DU ERKENNST
Es ist der Anfang einer zauberhaften Reise
Von feiner Engelschwingung geleitet
Deiner eigenen Mitte entgegen

Die Reiseroute ist der Raum zwischen
Wunsch und Erfüllung
Es ist die Realität zwischen den Zeilen

Sie beginnt immer wieder neu
Und führt über ungeplante Wege

Du brauchst nichts einzupacken
Alles ist bereits in dir

Lasse den Ballast los
Gehe erleichtert deinen Weg

Löse der Marionette die Fäden

Und du wirst sehen, dass sie

Alleine wunderschön tanzen kann

Wasserkristallmeditation

Wasser ist ein Informationsträger und lebenswichtig für den Menschen. Je reiner und klarer das Wasser ist, desto schöner und harmonischer sehen auch die einzelnen Wasserkristalle aus.

Die mentale Information des Wassers mit dem Wort „Liebe" lässt die schönsten Wasserkristalle entstehen. Diese wirken reinigend, klärend und harmonisierend bis in die kleinste Zelle des Körpers.

Meditation

Nachdem du dich entspannt auf eine weiche Unterlage gelegt hast, schließe die Augen und lasse die aufkommenden Gedanken und Bilder vor deinem inneren Auge still fließen. Sie fließen in ihrem eigenen Tempo vorbei. Spüre nun deinen eigenen Mittelpunkt. Lege deine Hände auf deinen Bauch und spare dabei den Bauchnabel aus. Klare, rein, durchsichtige und wunderschön gleichmäßig gestaltete Wasserkristalle, durchleuchtet von rosa und grünem Licht, fließen aus dem göttlichen Licht in das Kronenchakra und durch den ganzen Körper. Spüre das Licht besonders im Herzchakra und du empfinde ihre erfrischende, klärende und harmonisierende Wirkung. Jede einzelne Zelle deines Körpers, wird von den wunderschönen schillernden, heilenden Wasserkristallen erreicht, erfüllt, energetisiert und vitalisiert. Jede Zelle deines ganzen Körpers erneuert sich. Nehme wahr, wie wach und klar dein Geist ist. Empfinde, wie dich Erleichterung und Entlastung durchströmt. Erneuert und still liegst du wie ein klarer Bergsee in den liebenden Händen Gottes. Jede einzelne Zelle des ganzen Körpers ist frei und ok.

Erleichtert

Dafür gewesen

Dankbar geworden

Abstand gewonnen

Gestaunt

Wahr genommen

Aufgehört

Auf gemacht

Entstanden

Losgelöst

Getragensein gefühlt

Rausgekommen

Losgelassen

Disziplin gelernt

Raum genommen

Abgegrenzt

Frei gemacht

Frei geworden

Standfestigkeit geprobt

Mut gefunden

In Bewegung gekommen

Aufgemacht

Ausgemistet

Aufgeräumt

Raum genommen

Heute gelebt

Erlöst

An die Hand genommen

Klar geworden

JETZT
BEREIT
GEWORDEN

Abgehängt

Angefangen

Reisegepäck:

Auszupacken:

Verstand
Erwartungshaltung
Negative Emotionen
Abhängigkeiten
Kontrolle

Mitzunehmen:

Inneres Kind
Leichtigkeit
Vertrauen
Freude
Wünsche
Glaube an ihr Erfüllung
Begeisterung
Schutzengel

Auf dem Weg sein, dem Licht entgegen, das längst schon in dir leuchtet

Nur im JETZT
Ist wirklich Leben

Es ist ein Schwingen, ein leichtes Gefühl

Nein das passt nicht ins tägliche Gewühl
Ist nicht so wichtig; die Sache ist nichtig
Gebrauch den Verstand; Logik ist richtig

Hat der Ton einen Namen
Außerhalb gar von Normen und Rahmen

Doch spürst du so gerne den Klang aus der Ferne
Gedankengeschenke funkeln wie Sterne

Die Saite klingt rein und voll

Jetzt weißt du endlich was das soll
Es ist ein fast vergessener Ton deiner Seele
Der nun auf deiner Lebenspartitur nie mehr fehle

UND IN DIR ÖFFNET SICH EIN WUNDERBARES TOR

SCHALTE UM

Fühle wieder das Gras unter Deinen Füssen

Lass Dich von der Freude begrüßen

Stimme dem Tanz Deiner Gedanken zu

Hell, Dunkel; alles das bist Du

Lache laut mit Deinem inneren Kind

Schaue wo andere lebendige Kinder sind

Die Sonne will so gerne Dein Herz berührten

ERLAUBE DIR EINFACH LEBEN ZU SPÜREN
...

und der klitzekleine Riese Glück beginnt atemberaubend zu wachsen

Sonnenmeditation

Die Sonne steht für Vitalität, Selbstbewusstsein, Mentalität, die willensmäßige Energiesteuerung, Selbstverwirklichung, Wesenskern, Lebensfreude, Mut, Existenzwille, Großzügigkeit, Zielsicherheit und Organisation. Die Sonne spendet alles Leben. In der Sonnenmeditation klärt und reinigt sie und füllt den Körper und sein Umfeld mit neuer klarer, göttlicher Energie der Liebe und Kraft auf. Sie geht vom Solarplexus aus. Jede Dunkelheit verschwindet, alles kommt in Liebe ans Licht.

Meditation

Lege dich ruhig und gemütlich auf eine weiche Unterlage und decke dich, wenn du möchtest, mit einer warmen, weichen Decke zu, damit dir nicht zu kalt wird. Schließe die Augen und entspanne dich. Beobachte, wie die aufkommenden Gedanken und Bilder vor deinem inneren Auge vorbei fließen. Lass sie wie weiße Wolken am Himmel einfach vorbei schweben. Spüre nun deinen eigenen Mittelpunkt. Lege deine Hände auf deinen Bauch und spare dabei den Bauchnabel aus. Lasse sie entspannt liegen. Spüre die Wärme deiner Hände und nehme wohlig wahr, wie die Wärme tief in den Bauchbereich und in die Chakren (Wurzelchakra, Sakralchakra und Solarplexus) fließt und sich ausdehnt. Du bist ruhig, sicher und geborgen. Nichts kann dich stören oder beunruhigen. Dein ganzer Bauchraum ist warm und entspannt. Stelle dir nun im Bauch, im Bereich des Solarplexus, eine hellgelb strahlende Sonne vor. Sie durchstrahlt deinen Bauchraum und durchleuchtet deinen ganzen Körper. Die Sonnenstrahlen strömen in alle deine Chakren, auch in die Hand- und Fußchakren. Sie strahlen überall hin. Sie wissen den Weg.

Die Sonnenstrahlen lassen in allen Chakren gleichzeitig wieder neue Sonnen entstehen, die hell, klar strahlend, erfrischend und reinigend rotieren. Die hellgelben Sonnenstrahlen durchströmen deine Energiebahnen und durch-sonnen deine Aura. Dann strömen sie weiter über deinen Körper hinaus. Das Sonnenlicht erweitert sein warmes Strahlen hinaus in deine Welt und erleuchtet sie. Sie strahlen mit unverminderter Intensität weiter, bis aus deiner eigenen Mitte heraus das strahlende Sonnenlicht die ganze Erde erfüllt und hell und fröhlich macht. Die Sonne strahlt weiter bis in das Universum hinein. Fühle die Durchleuchtung deines ganzen Körper, deiner Aura, deiner Umwelt, der ganzen Erde und des Universums, ausgehend von deinem eigenen Mittelpunkt, dem Solarplexus. Göttliche Liebe lächelt dich warm, wohlwollend und liebevoll an. Alles ist gut und du spürst dankbar *Ich bin das Licht der Welt*.

Dann ... *Herausgehoben*

Erfüllt *von*

STILLE

Glück
Dankbarkeit
Helle Freude
Tief berührt
Gedanken erhoben
Lebendig
Im Augenblick

UNTERWEGS ZU DIR

Ohne mich zu bewegen

Dem Gedanken zwischen Gedanken

Dem Gefühl unter all den vielfältigen Emotionen

Beschwingendes Erleben von Energie

DAS BIST DU

Du bist die Antwort auf die Frage

Aber auch eine Frage kann eine Antwort sein

Geborgen in liebevoller Energie ist das Kind zu Dir auf dem Weg

Staunend im Hier und Jetzt angekommen

Hey, wach auf; siehst du mich nicht

Ich bin es; dein inneres Licht

Schon immer brenne ich in dir

Schon lange suchst du nach mir

Bloß keine Eile; Ich hab' Zeit

Wenn es sein muss auch eine Ewigkeit

Egal was passiert; ich bin für dich da

Treu leuchte ich; bin dir einfach nah

In dieser Situation; in diesem Stein

Entspann dich; lass dich auf mich ein

Lachen, Freude; Leichtigkeit

Ein bereichernder Spaziergang nur zu zweit

überall bin ich jederzeit zu finden

Akzeptieren, Annehmen, Blockaden schwinden

Ein lösender Gedanke springt dir in den Sinn

Mein Licht leuchtet; ja ich bin

Schatzmeditation

Um den inneren Schatz zu finden, der dich reich und glücklich macht, musst du zu deiner eigenen Mitte gelangen und aus ihr heraus leben. Blockaden und Ängste versperren oft den Weg zur Wahrnehmung des Schatzes, den Gott uns aus seiner Schatzkiste übergeben möchte. Diese gilt es in Liebe zu lösen und Vertrauen in den Prozess des Annehmens und damit der Veränderung zu gewinnen.

Meditation

Liege entspannt und warm zugedeckt, deine Hände ruhen locker und ruhig auf deinem Bauch, der Bauchnabel ist ausgespart. Die Wärme deiner Hände strahlt sanft und harmonisch tief in deinen Bauch hinein und breit sich langsam und ruhig immer weiter in deinem ganzen Körper aus. Er erstrahlt hell in einem warmen Licht bis weit in deine Aura hinein. Wenn du dunkle Stellen, also Blockaden oder Belastungen, wahrnimmst, so nehme sie in Liebe an, lehne sie nicht ab, sondern bringe sie ins Licht; sende Licht in sie hinein und leuchte sie weg. Alle Blockaden lösen sich sanft und ohne Anstrengung auf. Lasse das warme Licht fließen wohin es will. Es fließt automatisch dort hin, wo es gebraucht wird. Dein Zustand ist leicht, sicher und geborgen. Nun siehst du vor dir einen Engel, der dich sanft und liebevoll anschaut. In seinen Händen hält er ein Schatzkästchen, dieses kostbare Kästchen reicht er dir entgegen. Der Engel öffnet das wunderschöne Schatzkästchen und gibt dir ein ganz besonderes Geschenk. Bedanke dich bei dem Engel. Du bist wertgeschätzt und hast es verdient.

**und auf einmal bist
du da**

hell warm sonnenklar

der Kontrolle

entzogen und doch

so sicher

**der zündende Funke im
Gedankenmeer**

ein Blitzlicht erleuchtet den

Weg ruhig verbunden mit dir

ganz und gar bei mir

**INNERES
LICHT**

Regenbogenmeditation

Der Regenbogengen gilt im Christentum als
Verbindung zwischen Gott und den Menschen. Er ist
ein Symbol der Hoffnung und des Friedens. Seine
Farben spiegeln die Farben der Chakren wieder.
Wasser und Sonne lassen den Regenbogen entstehen.

Meditation

Lege dich entspannt und gemütlich auf den Rücken und decke dich gegebenenfalls mit einer warmen, weichen Decke zu, um nicht zu frieren. Die Hände liegen entspannt und ruhig auf dem Bauch, der Bauchnabel wird ausgespart. Beide Daumen und Zeigefinger bilden um den Bauchnabel herum einen Kreis. Lasse los, und sinke immer tiefer in deine Unterlage, die dich warm und sicher trägt. Aus deinem Bauch in der Nähe deines Bauchnabels, dem Solarplexus, strömt ein wunderschöner bunter Regenbogen. Seine Farbvielfalt von Gelb bis Violett leuchtet und strahlt sauber und friedlich. Atme wohlig ein und wieder aus und entspanne dich ein wenig tiefer. Schritt für Schritt gehst du nun auf dem Regenbogen hinauf, bis du ganz oben seine Mitte erreicht hast. Atme die verschieden und lichterfüllten Farben in deinen Körper ein, bis alle Zellen ganz davon erfüllt ist. Das farbige Licht durchstrahlt jede Zelle deines Körpers und du fühlst dich leicht und entlastet.

Erfüllt von der wunderbaren Farbenergie gehst du langsam und dankbar auf der anderen Seite des Regenbogens wieder zurück zu einer Lichtung. Die Sonne scheint warm und sommerlich. Dort befindet sich eine sprudelnde, klare Wasserquelle. Schöpfe mit beiden Händen etwas von dem erfrischenden und reinigenden Quellwasser und wasche dein Gesicht. Nehme einen Schluck klares, kühlendes Wasser. Es reinigt und entspannt dich auf eine wundervolle Weise. Lasse verspielt deine Beine und Füße im Wasser baumeln. Ein Regenbogen spiegelt sich in den Wassertropfen und in dem Sprühregen des Wassers. Wie wunderschön schillernd die Farben des Regenbogens im warmen Sonnenlicht funkeln. Du staunst über die Vollkommenheit dieses bunten Regenbogens.

Spüre nun wieder deine Hände auf deinem Bauch und erlebe die Frische, Klarheit und die neue Kraft, die dich gestärkt weiter begleitet.

Willkommen

Du bist

angekommen

Weil du

losgelassen hast

Weil du

akzeptiert hast

Nun liegt der Weg

klar vor dir

Komm nimm meine Hand

Delphinmeditation

Delphine und Wale sind seit Urzeiten auf der Erde um die Menschheit in ihrer Entwicklung zu unterstützen. Sie lehren uns alles Leben bedingungslos zu lieben und in Leichtigkeit und Vertrauen zu leben. Delphine sind die Engel der Meere und ganz außergewöhnliche Botschafter und Heiler - sie sind sogar die Meister des Heilens. Unser Körper ist von einem biomagnetischen Feld umgeben. Er besteht aus einem feinstofflichen Energiekanal. Durch diesen Kanal ziehen wir die Lebensenergie in uns hinein.

Durch die Delphin-Energie werden Blockaden geöffnet und unterdrückte Muster transformiert. Unsere Zellen werden dadurch neu programmiert. Mit der Delphin-Energie kann man sich gut von der Vergangenheit lösen und Unterdrücktes, das meist zu körperlichen Symptomen führt, auflösen. Die Hilferufe der Seele suchen sich, ungehört, immer einen Weg über den Körper. Die Delphin-Energie setzt genau da an und bringt wieder Freude und Fröhlichkeit, sowie auch Leichtigkeit ins Leben. Körperliche Blockaden können dauerhaft gelöst werden.

Auch die Selbstheilungskräfte werden dadurch wieder angeregt.

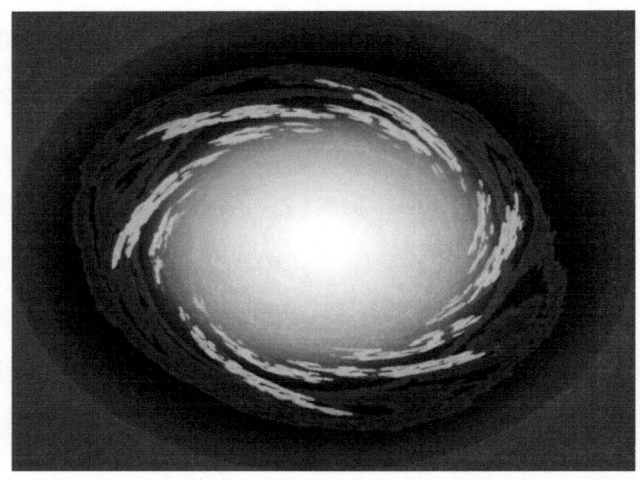

Meditation

Lege dich entspannt auf den Rücken und decke dich, um nicht zu frieren, mit einer warmen Decke zu. Lege deine beiden Hände auf deinen Bauch, der Bauchnabel wird ausgespart. Spüre, wie sich die wohlige Wärme in deinem Bauchraum ausbreitet und sich alle Blockaden und Verkrampfungen lösen. Sie strahlt weiter in den Oberkörper, deine Arme, Hände und Beine und Füße hinein. Warm und geborgen liegst du entspannt auf deiner weichen Unterlage. Stelle dir nun vor, dass sich von deiner inneren Mitte aus ein klares, reines blaues Licht in deinem Körper und um dich herum bis in deine Aura hinein ausbreitet. Du bist ganz in blaues Licht getaucht, das sanft leuchtet. Vor dir siehst du das Meer, es liegt blau schimmernd vor dir. Die Wellen fließen sanft und beruhigend ans Ufer. Über dir ist der Himmel lieblich und klar himmelblau. Er spiegelt sich völlig wolkenlos in der glatten tiefblauen Wasseroberfläche. Es ist sommerlich warm und die Sonne scheint. Langsam gleitest du in das klare, lichtdurchflutete und erfrischende Wasser. Du beginnst zu schwimmen und unter Wasser zu tauchen. Unter Wasser kannst du genauso leicht atmen und sehen, wie über dem Wasser. Ein Schwarm Delphine schwimmt auf dich zu und um dich herum, es sind ältere aber auch ganz junge Tiere dabei. Liebevoll und herzlich und fröhlich begrüßen sie dich in ihrer Sprache. Zu deinem Erstaunen bemerkst Du, dass Du ihre Laute verstehen kannst. Nehme Kontakt zu der Energie der Delphine auf. Du berührst sie mit der Hand und streichelst sie sanft. Einer der Delphine fällt dir besonders auf. Er scheint dir etwas mitteilen zu wollen. Frage den Delphin, welche Botschaft er für dich hat. Entspanne dich und lasse seine Worte oder Bilder zu dir fließen. Nehme die Botschaft des Delphins dankbar an, ohne zu urteilen und zu werten. Sie fließt leicht und friedlich zu dir und durch dich durch. Bedanke dich bei dem wundervollen Delphin und bitte ihn, dich auch weiterhin zu begleiten. Vollkommene Liebe strömt von dem Delphin zu dir und öffnet dir dein Herz. Spüre diese Energie und nehme sie mit in deinen Alltag hinein.

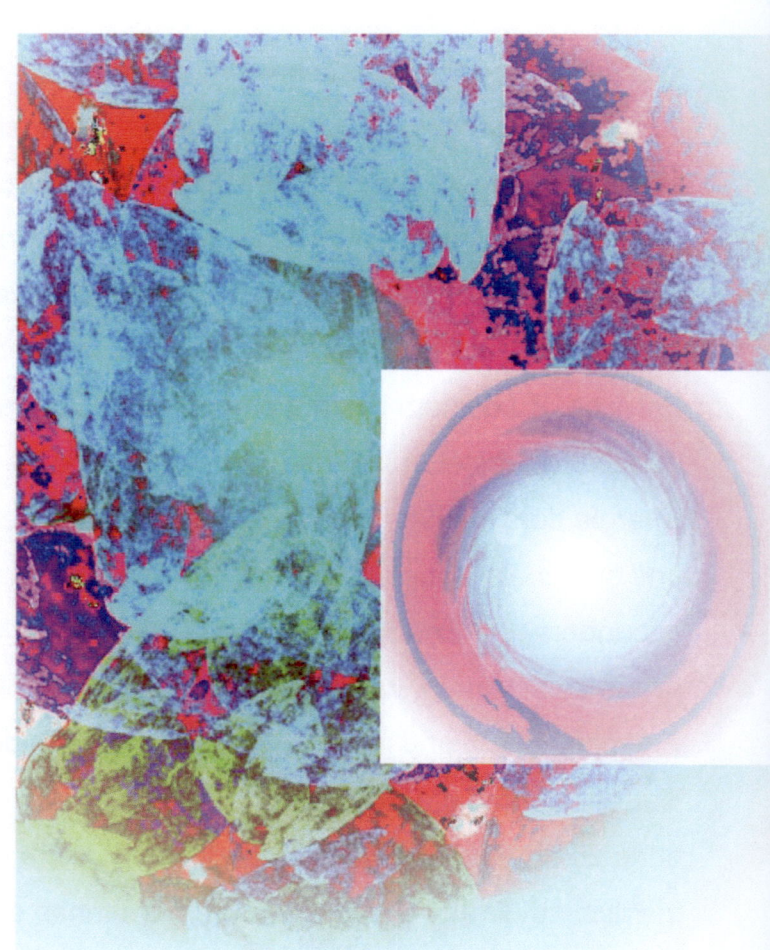

mitten am Tag
entstand sie

Die
WAHRHEIT

klar
rein
sie war einfach
da einfach
einfach
so

zwischen den
Zeilen
zwischen jetzt
und
eben
der Kanal wurde
benutzt

ABGESCHICKT UND
ANGKOMMEN

so einfach ist
das
und so
wertvoll

Ich bin

Licht mit der Quelle verbunden
Einverstanden sein mit Schatten gefunden

Hell durchstrahlte Einzigartigkeit
Zum Geben und Nehmen aus der Mitte bereit

Du bist

Licht mit der Quelle verbunden
Einverstanden sein mit Schatten gefunden

Hell durchstrahlte Einzigartigkeit
Zum Geben und Nehmen aus der Mitte bereit

Begegnung

Du und
ich   Im Hier und
           Jetzt   Zur richtigen Zeit

Ich
Ich bin
Ich bin jetzt
Ich bin jetzt immer
Ich bin jetzt immer da
Ich bin jetzt immer
Ich bin jetzt
Ich bin
Ich

Schutzmeditation

Auch der Gedanke an Schutz beinhaltet kein Urteil oder eine Wertung. Es ist also kein Schutz vor..., sondern ein „ Geborgen sein in Gott". Schutz ist immer Heilung und ein Ganz werden, dazu bist du auch kein Teil von allem, sondern alles ist eins.

Meditation

Lege dich entspannt und gemütlich hin und decke dich mit einer warmen, weichen Decke zu, um nicht zu frieren. Die Hände liegen entspannt und ruhig auf dem Bauch, der Bachnabel wird ausgespart. Spüre in deinen Bauchraum hinein spüren, so wie es dir angenehm ist. Beide Daumen und Zeigefinger bilden um den Bauchnabel herum einen Kreis oder ein Dreieck. Lasse los, sinke in deine Unterlage, die dich warm trägt und hält. Spüre die wohlige Wärme in deinem Bauchraum und in deinem Körper. Nehme nun deine Aura um dich herum wahr. Wie sieht sie aus. Welche Energie strahlt sie aus. Ist deine Aura ganz oder entdeckst du dunkle Stellen oder Löcher. Lasse aus deinem Solarplexus klare, reine Lichtenergie fließen. Welche Farben tauchen auf. Es ist immer genau die Farbenergie, die deine Aura braucht, um wieder ganz und stark zu werden. Genieße die Entspannung und das Wohlgefühl in den Lichtfarben zu baden solange du möchtest. Stelle dir dann vor, dass sich um deine wunderschöne und geheilte Aura herum eine feste Hülle bildet. Nur positive Energie kann durch sie hindurch fließen. Nichts kann sie zerstören.

im Augenblick ganz da sein und die Welt ist neu durch dein Sein verändert sich die Welt

Es liegt in deiner Hand
in welche Situation du
rein gehst und welches
Lebensspiel du spielst

LOSGELÖST

*Während du leichter
Und erfolgreicher fließt*

WAHRGENOMMEN

*Während dein Fokus sich
Holistisch erweitert*

AUSGESTRAHLT

*Während du die Mitte in dir
Bei allen Veränderungen spürst*

ANGEKOMMEN

*Während du weiter auf
Dem Weg bist*

AUFGEWACHT
ENDLICH
AUFGEWACHT

für die Leichtigkeit
Des Lebens

AUFGEWECKT
JA RICHTIG
AUFGEWECKT

Strahlen deine Augen
In die Welt

JA GENAU
STIMMT
DU WIRKST
STIMMIG

Wasserkreismeditation

So wie ein Stein ins Wasser fällt und in konzentrischen
Kreisen harmonisch sich ausbreitende Wellen
entstehen, so strahlt die Energie in der
Wasserkreismeditation von der eigenen inneren Mitte,
dem Solarplexus aus, durch den ganzen Körper und
die Aura. Sanft lösen sich Blockaden und werden leicht
und liebevoll fort geschwemmt.

Meditation

Lege die Hände auf den Bauch, entspannt auf dem Rücken liegend und warm und geborgen zugedeckt. Spüre wie sich dein Bauchraum lockert und durchwärmt. Lasse dir die Zeit, die es braucht. Nehme deinen eigenen Mittelpunkt wahr. Hier ist es warm, sicher und geborgen. Alle Kälte, innere Distanz und Unruhe lösen sich sanft auf. Ganz ruhig und entspannt erlebst du, wie deine Unterlage deinen Körper trägt und sicher hält. Von deiner inneren Mitte, dem Solarplexus ausgehend, breitet sich ein helles, klares, friedlich leuchtendes Licht aus. Stelle dir nun in deinem Bauchraum eine helle, licht-durchflutete, stille Wasserfläche vor. In ihrer Mitte liegt ein wunderschöner Kristall, um ihn herum breiten sich sanfte Wellen ganz leicht fließend in konzentrischen Kreisen aus. Es sieht so aus, als ob ein wunderschöner, kostbarer Stein auf eine still daliegende Wasserfläche gefallen wären. Die konzentrischen Wellenkreise schwingen weiter und immer weiter. Es entstehen liebevoll und sanft immer neue Wellenkreise aus dem Kristallmittelpunkt.

Sie durchfluten deinen ganzen Körper und jede deiner Zellen und lösen dabei alle Blockaden, alle Belastungen werden erleichternd weg gespült. Leicht und entspannt liegst du auf dem Rücken, genieße dankbar die sanfte aber starke Kraft der Wasserwellen. Wärme strömt wellenförmig von deiner Mitte hinauf in deine Schultern, deinen Nacken und deinen Rücken und in deine Arme, Hände, Beine und Füße hinab. Spüre die Energie in deinem Finger – und Fußspitzen. Alles Negative verlässt dich und fließt aus dir heraus. Nichts ist zu tun. Gott trägt dich sicher im Fluss deines Lebens. Er weiß den Weg und öffnet in Mauern neue Türe, die du noch gar nicht bemerkt hast.

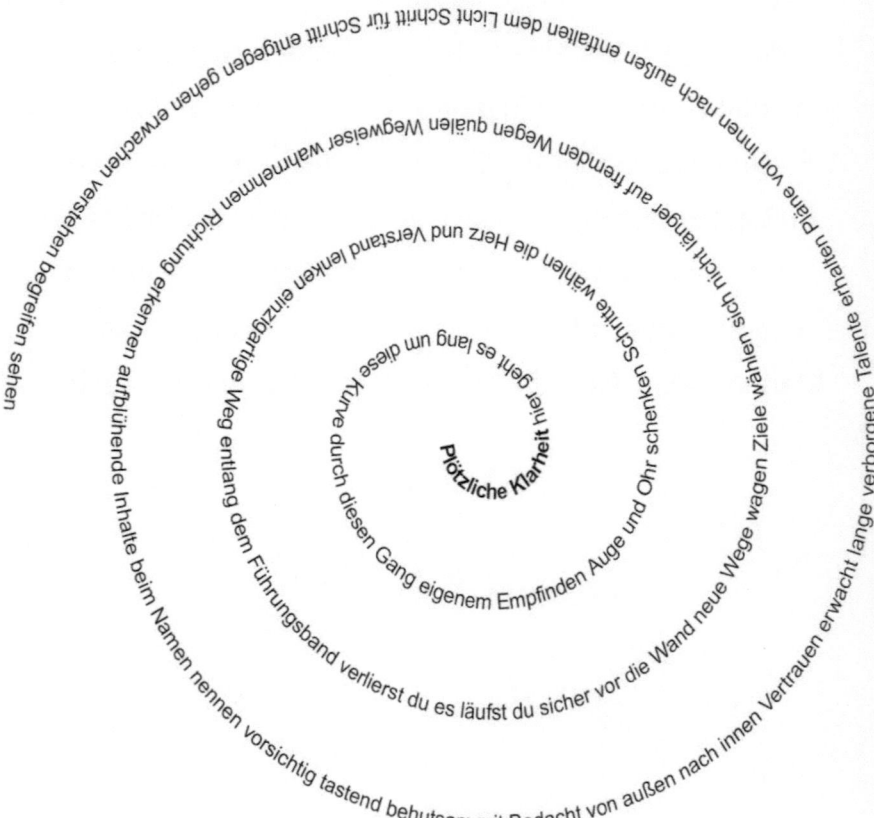

Plötzliche Klarheit hier geht es lang um diese Kurve durch diesen Gang eigenem Empfinden Auge und Ohr schenken Schritte wählen die Herz und Verstand lenken einzigartige Weg entlang dem Führungsband verlierst du es läufst du sicher vor die Wand neue Wege wagen Ziele wählen sich nicht länger auf fremden Wegen quälen Wegweiser wahrnehmen Richtung erkennen aufblühende Inhalte beim Namen nennen vorsichtig tastend behutsam mit Bedacht von außen nach innen Vertrauen erwacht lange verborgene Talente erhalten Pläne von innen nach außen entfalten dem Licht Schritt für Schritt entgegen gehen erwachen verstehen begreifen sehen

Dieses Leuchten in Deinen Augen fasziniert

Liebe läßt Dich für Deine Sache brennen

Es zieht an, fesselt, interessiert

Energie fließt, an der Ausstrahlung zu erkennen **Er leuchtet** Der Funke springt über, welches Licht

Die Leitung mit der Steckdose verbinden

Der Ursprung ist woanders zu finden

Von künstlicher Quelle jedenfalls nicht

Du bist genau auf der richtigen

Wellenlänge Licht durchfunkelt

dein Wesen Betrittst du den

Raum

Füllst du
ihn aus

Du kannst aus dir
herausgehen

Weil du ganz bei
dir bleibst

Du
kommst an

Weil du bei dir
angekommen bist

Dein herzliches Lachen macht dich
sympathisch

Mensch, ich mag dich

Begeisterung ist das Boot im Fluss des Lebens

GETRAGEN VOM VERTRAUEN IN DIE

BEGEGNUNG MIT DEM LICHT

Gestalt annehmen Gestalter sein Nicht machen Geschehen lassen

Die Liebe ist die stärkste Kraft

Herzmeditation

Die Energie in der Herzmeditation fließt vom Herzchakra zum Kronenchakra und durchströmt die höheren Chakren. Dieses durchstrahlt dich gereinigt, in einem klaren, hellen, weiß, rosa und grün Lichtstrahl wieder zurück bis zu deinem Herzchakra. Dabei wird die Thymusdrüse harmonisiert und das Dritte Auge durchleuchtet. Du fühlst dich innerlich aufgerichtet und siehst klar. Der obere Kiefer -, Rücken - und Schulterbereich weitet, lockert und entspannt sich. So kann sich auch die Wirbelsäule lösen und die einzelnen Wirbel begradigen sich, sie fügen sich Wirbel für Wirbel ganz leicht und natürlich in ihre Platze in deiner Wirbelsäule ein. Zufriedenheit und Erleichterung entstehen. Die Last auf deinen Schultern fällt von dir ab.

Meditation

Lege dich entspannt auf den Rücken auf eine weiche Unterlage. Damit dir nicht kalt wird, kannst du dich auch mit einer weichen Decke zudecken. Die Hände liegen entspannt und locker auf dem Brustraum, im Bereich deines Herzchakras. Spüre die Wärme deiner Hände und fühle wohlig, wie sie sich im gesamten Brustraum und im Herzen ausbreitet. Bemerke, wie sich die Spannungen in deinem Körper lösen und sinke tiefer, lasse vertrauensvoll los. Die hellblaue Lichtenergie fließt aufwärts bis zum Kronenckakra und darüber hinaus. Eine weiche, liebevolle fast zärtliche Schwingung entsteht in deinem Körper. Beobachte sie und lasse sie wohltuend fließen. Wie ein gleichseitiges Dreieck, dessen Spitze das Kronenchakra ist, nimmt die Energie sich Raum und fließt nach oben hin ab. Alle Blockaden und Spannungen in diesem Bereich lösen sich und der Brustbereich, das Herz und die Wirbelsäule werden frei und locker. Fühle dich in das liebevolle Wohlgefühl ein, solange du möchtest. Gott beschenkt dich aus eine reichen Schatzkästchen mit Liebe und ermöglicht dir deine Wünsche und Ziele klar und leicht zu erreichen.

Mache dich dir selbst

Zum Geschenk

Im klaren Bewusstsein

Deines Reichtums

In deinem Zentrum wartet

Das auf Verwirklichung

Was du dir schon immer

Gewünscht hast

Friedensmeditation

Der innere Frieden entsteht durch den Einklang von Gottes und dem eigenen Willen.
Viele Blockaden und Ängste behindern das Vertrauen auf die Güte und Liebe des Willen Gottes. Kritisiere niemanden und nichts. Du hast nicht die Vollmacht, andere zu richten. Alle Menschen handeln auf eine vollkommene Art und Weise. Heiter Gelassenheit und Kraft dein eigenes Leben zu meistern ist das Geschenk.

Meditation

Lege dich entspannt und gemütlich auf den Rücken und decke dich mit einer warmen, weichen Decke zu, um nicht zu frieren. Die Hände liegen entspannt und ruhig auf deinem Bauch, der Bachnabel wird ausgespart. Beide Daumen und Zeigefinger bilden um den Bauchnabel herum einen Kreis. Lasse wieder los, sinke in deine Unterlage, die dich sicher und geborgen trägt und hält. Spüre, wie sich dein Bauchraum nach und nach mit wohliger Wärme füllt. Entspanne und lasse los. Die wohlige, geborgene Wärme breitet sich im gesamten Bauchraum bis zur Wirbelsäule hin aus und deine ganze Wirbelsäule durchsonnt. Fühle, wie sich alle Spannungen und Verhärtungen im Bauchraum lösen. Die Wärme steigt die Wirbelsäule hinauf, so weit sie fließen will, und löst auch dort alle Blockaden. Stabilität und Vertrauen sind die Qualitäten, die in dir entstehen. Die Energie fließt durch die Beine in die Füße ab, und sie verlässt den Körper durch die Chakren an den Fußsohlen. Liebevoll und sanft, wie einen Blüte, die sich öffnet, entfalten sich die Chakren und die Energie fließt in Liebe ab. Meditiere über die Worte: „Gott, Dein Wille geschehe"
Lasse sie in dir wirken und wiederhole dankbar:

„Gott dein Wille geschehe" so oft und so lange langsam und entspannt, wie es dir angenehm erscheint. Vertrauen Gott, dass sie Wille nur Liebe ist. Niemals wird dich Gott bestrafen oder verurteilen. Er möchte immer, dass du glücklich wirst. Spüre, wie eine helle, freudige, frische Energie in kleinen helle, weißen und gelben, rotierenden Wirbeln vom Bauchraum aus in deinem Körper nach oben fließt. Es befreit sich eine Erfrischung, Lebendigkeit und Bejahung deines Lebens. Meditiere weiter den Satz: „Ja, Gott, dein Wille geschehe", so oft und so lange, wie du dich wohl fühlst und es für dich stimmig ist. Die Energie geht immer ihren guten Weg auf ihre liebevolle Weise. Lasse sie frei nach oben fließen und alle Verhärtungen und Blockaden langsam lösen. Meditiere nun: „Danke, Gott, dein Wille geschehe. Mein Wille ist im Einklang mit deinem Willen". Spüre den Frieden, der sich in deinen Gedanken, Gefühlen und in deinem Körper ausbreitetet. Genieße die entlastende und erleichternde Friedensenergie. Sende sie in deine Schultern. Dort angekommen befreit sie sich von allen Lasten, die auf deinen Schultern liegen. Kiefer, Nacken, Schultern und der Rücken empfangen wieder Kraft, Stärke, Ausgeglichenheit.

Erlebe die große Gelassenheit. Du kannst ganz beruhigt und vertrauensvoll sein. Schau, wie deine höhere Macht mit dir spricht. In einem kristallklaren, hellen Lichtstrahl fließt die Energie in deine Arme und Hände. Energetisiert und belebt sind deine Hände breit im Willen Gottes, vereint mit deinem eigenen Willen zum Wohle aller friedvoll zu handeln.

Weiter fließt die Friedensenergie Gottes hinauf in
deinen Kopfraum und füllt ihn ganz aus.
Frisch und befreit sprudelnde Energie lässt neue Bilder
und Gedanken, die Lösungen bieten, um
dein Leben und deine Beziehungen in
Frieden zu sehen, entstehen. Meditiere nun:
„ Gott, deine Wille geschehe,
Du bist nur Liebe, so bin ich es auch.“

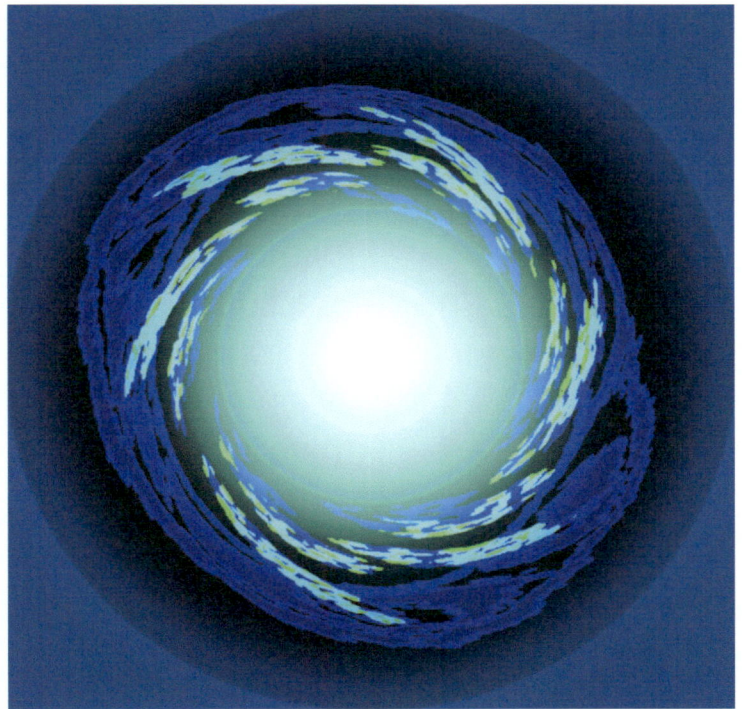

in E inem
in R uhe
in F ülle
im Ü berfluß
im L icht
im L eben
im U niversum
in N atürlichkeit
in G eborgenheit

Impressum

Herstellungund Verlag:
Books on Demand GmbH, Norderstedt
ISBN 978-3-8391-4736-8